흐름과 바람을 실은
세스팔다스 하정효 계움의
누 나

흐름과 바람을 실은
세스팔다스 하정효 계옴의

누 나

《누나》를 출간하며

　　세스팔다스 하정효 계옴님을 두 손 모아 모셔봅니다.
　　큰 소리로 울부짖으며 부르고 싶사옵니다.

　　계옴님께서 병환 중 생사고비를 넘기시면서 손수 불러주시고 받아 적은 제1집 《님배》에 이어 유작이 된 제2집 《누나》는 광진구 자양동 북나비 출판사를 내방하시면서 서초시인협회 현옥회 회장님과 함께 한 자리에서 정해주신 제목입니다.

　　누나는 "누구나"라는 뜻이라고 하십니다.

　　누나의 시집은 2024년 7월부터 계옴님께서 건강회복을 위해 스스로 부단히 노력하시며, 수없는 걸음을 걸으시면서, 병원에 입원 중에서도, 밤과 낮을, 때와 장소를 가리시지 않고 불러주셨던 "시"입니다.

　　시를 내리신 장소는 서울 창성동 일신정, 덕유산, 금산, 아산병원 공원, 경복궁 영추문, 광화문광

장, 동아일보 앞, 삼청공원, 경복궁 경회루, 국립민속박물관. 평창 회령산 대세계회전축, 스타리아 내, 일산 호수공원, 파주 운정 호수공원, 한강 뚝섬, 창성동 미로미로 골목길, 독립문 공원, 한강공원 한강길, 한가람가, 경희궁, 청계천 개울가, 세빛섬, 한화리조트, 정부종합청사옆 길목, 아산병원 응급실, 아산병원 83병동 35호, 송현공원, 세종문화회관, 사직터널, 천궁원, 희명병원 603호, 한강에클라트 2301호 등 2024년 12월 23일까지 집필하시었습니다.

흐름과 바람을 실은 세스팔다스 하정효 계옴님의 시집 제1집 《님배》에 이어 제2집 《누나》를 출간하여 망향하신 112일날 세기87년 6월 14일에 대세계회전축 제단에 바치옵니다.

계옴님께서 만들어 놓으신 도서출판 "츨빛"으로 발간하게 됨에 또한 감사를 올립니다. 이제 제3집 《하늘》도 출간을 조속히 하여 계옴님께 올려드리도록 하겠습니다.

세스팔다스 계옴마루 겜마님 이세루 절을 올리옵니다.

추천사

현옥희

문학의 모든 장르는 시에서 비롯되었다. 서정시는 그대로 리릭의 문학으로 발전했고 서사는 소설로 발전하여 오늘날 문학의 양대 산맥을 이루었다. 그 중 극시는 인간의 삶을 그려낸 희곡으로 발전하여 교훈적 의미와 극적인 감흥을 더해준다. 그래서 시인은 자연인으로서의 개인이 아니라 문화 속에서 기능하는 문인으로서의 위상을 지닌다. 정감의 세계를 서정적으로 담아내는 문화 예술인으로서의 위상이다.

AI까지 동원하여 다양한 방법으로 시 쓰기를 모색하는 세태에 세스팔다스 하정효 계옴께서 문학의 전체를 아우르는 제1 시집 《님배―한강과 낙동강의 편지》에 이어 제2시집 《누나》를 발간했다. 특히 제1 시집에서는 서문에 "나반과 아만의 그때에 시가 있었던가"라는 근본적인 화두를 던지며 112편의 시로 독자와 문학적 사유의 교감을 나눈 바 있다. "나무와 사람의 사이에는/ 새가 있다"는 2행 시 〈사이새>를 통해 자연과 인간의 완전한 존재를 위한 조건으로 '새'라는 매개를 제시하더니 <수풀>의 "논밭에서 힘쓰는/ 머슴의 입가에는/ 수풀이 우거진다"는 3행시로 그 방법을 구체화하여 선문답과 같은 해결책을 제시했다. 인간과 자연이 완전성을 이루기 위해 맺는 관계의 상관성이다.

이어 상재한 제2 시집 《누나》는 나반과 아만으로부터 시작된 문화의 맹아를 '누나'의 시선으로 풀어나가며 인간의 삶에 작용하는 날숨 들숨의 근본적인 에너지를 추구했다. 그 에너지의 신선도는 나무로 대표되는 자연과 파랑·하양으로 대조되는 선명한 이미지로 바탕을 이루었다. 그래서 시의 소재로 자주 등장하는 '소나무' '가람'과 '바다'와 '뫼'의 존재감을 '바람'과 '흐름'을 통해 철학적 사유로 풀어나간다.

152편이 실린 제2시집의 서시로 올린 <누나>는 혼인하는 누나와 헤어져야 하는 아쉬움을 진술한 듯 보인다. 그러나 그 후의 삶에 대한 궁금증과 호기심은 육친의 정을 벗어난 국가적 차원으로 승화하여 나타난다. <겨레가 스스로 섰다>에서 보여준 유관순 누나의 외침으로 겨레가 일어섰다는 겨레의 누나요 지도자다. 결국 누나의 삶에 대한 궁금

증은 나라의 내일을 염려하는 애국과 우국의 내면화다. "아우네 장터에서/ 누나가 외쳤다.// 외치다가 누나는/가셨지만 //겨레는 일어섰다."는 구절은 겨레를 일으켜 세운 누나의 위력이 나라와 나와의 관계를 설정하는 중요한 모티브로 작용한다. 그래서 시 곳곳에 '누나'가 등장하고 후반부에서 이를 확인하듯 같은 제목의 〈누나〉로 의미를 강조했다.

제1 시집에서 존재의 완성을 위해 제시한 관계가 제2시집에서는 누나로 구체화 되어 하정효 선생의 시적 의도를 이해하는 데 도움이 된다. 결국 인간의 완결성을 향한 깨달음을 자연과의 교감으로 설정하여 어려운 철학적 사유를 시로 풀이해냈다. 굳이 논어 맹자 같은 문자적 접근이 아니라 삶의 현장에서 느끼는 삶의 가치와 교훈을 시화(詩化)한 것이다. 특히 〈수풀〉에서 보듯 도를 구하는 자의 결실은 삶의 현장에서 이루어질 수 있다는 은유가 큰 울림으로 다가온다. 하늘을 구하는 자는 하늘을 이루고, 땅을 구하는 자는 땅을 이루고, 도를 구하는 자는 도를 이룰 수 있다는 말 없는 가르침이 시의 기본 가르침인 것이다.

하정효 선생의 시가 지닌 특징은 서정시와 서사

시와 극시의 한계를 넘나드는 문학적 크로스 오버를 보인 점이다. 짧은 시가 내포하고 있는 서사적 구조와 극적인 깨달음 등이 독자를 유혹한다. 더구나 우리말을 살려 우리의 정신을 담아낸 시어들이 우리말에 대한 새로운 인식을 더해준다. 그래서 하정효 계음의 《님배》와 《누나》 읽으면 보들레르가 예술론에서 밝힌 "시란 영혼의 음악이다. 보다 더욱 위대하고 다감한 영혼들의 음악이다"고 한 볼테르의 정의 위에 "기쁨이든 슬픔이든 시는 항상 그 자체 속에 이상을 좇는 신과 같은 성격을 갖고 있다"는 보들레르의 정의가 덧입혀 온다. 감옥에서 시는 폭동이 되어야 하고, 병원의 창가에서는 쾌유에의 불타는 희망이 되어야 한다는 보들레르의 정의가 하정효 선생의 시에 그대로 적용되기 때문이다.

"바람과 흐름을 실은 시/ 님배를 읽기 바랍니다" 라고 권유할 만큼 촌철살인(寸鐵殺人)의 가르침과 깨달음과 존재의 관계를 생각해 보게 하는 시집 『님배』와 『누나』를 조용히 사색하며 읽어보기를 독자 여러분께 권한다.

현옥희

『수필과비평』 등단. 사)국제PEN 한국본부 이사, 사)한국수필가협회 이사, 사)한국문인협회 문학사편찬위원, 『문학秀』 발행인 역임, 『메타문학』 편집인 역임, 서초문인협회 고문, 시문회 고문. 수상: 동포문학상, 수비문학상, 서초문학상, 사임당 문학상.

봄

《누나》를 출간하며 … 4
추천사 … 6

1. 누나

누나 … 21
굽이구비 … 22
가람 … 23
바다의 소리 … 24
땅땅 … 25
푸른 바다 … 26
떠가는 배 … 27
온늘이여 … 28
때맞이 … 29
둥굴레 … 30
동아일보와 오늘 … 32
너그나 … 34
나 … 35
짚 … 36
사슴 발 … 37
사슴 … 38
매미 소리 … 39
푸른 나무길 … 40
이끼 낀 옛 나무 … 41

2. 둥글게 살라

가신 님 … 45
소나무 … 46
가위 … 48
노을 … 49
가는 길 … 50
뿔 … 51
둥글게 살라 … 52
임금님의 뜨락 … 53
하늘하늘 … 54
가마 … 55
간월도의 님 … 56
간월도의 배 … 58
살랑살랑 … 60
사랑 … 61
진주성의 노래 … 62
더위 … 63
맴맴 … 64
밤바람 … 65
가람 … 66

3. 옛길

팔 … 69
옛길 … 71
몯얼뫼 … 70
몯얼뫼 골물 … 72
나뭇잎 … 73
매암걸음 … 74
길 … 75
이슬 … 76
구름의 뜰 … 77
눈썹 … 78
소나무골 … 79
알 길 없어 … 80
구름 나그네 … 82
수레와 신발 … 83
마중 나온 나 … 84
푸른 날 … 85
소나무 숲 … 86
스스로 서다 … 88
세 골의 소나무 … 90

4. 햇빛과 물

때곳나무 … 93
소나무 마을 … 94
숲에 누워서 … 95
나와 가람 … 96
햇볕과 빨래 … 97
햇빛과 물 … 98
그늘과 할 일 … 100
경희궁의 소나무 … 102
푸른 흐름 … 104
솔잎 … 105
뫼와 골 … 106
뫼 나무 … 107
숨겨진 뫼와 들 … 108
수레바퀴 … 109
떨어진 나뭇잎 … 110
임금님의 마음 … 112
물길따라 … 113
풀숲과 잎새 … 114
해넘이 … 115

5. 그 이름

그 이름 … 119
내나 … 120
두 귀 두 눈 … 122
손으로 만든 푸른 숲 … 123
다시 본 평창 … 124
낙동강과 한강의 편지 … 125
아침 안개 … 126
가을 … 127
구름 실은 바람 … 128
내 몸 … 129
가을 잎 … 130
바람새 … 131
가지 뻗은 소나무 … 132
햇녘에서 오는 가람 … 133
잡지 말라 … 134
실눈 … 136
물맛 … 137
아침 안개 … 138
잎새 … 139

6. 님과 같이 둥근달

화살나무 … 143
찾고 싶은 길 … 144
흔들리는 바람 … 145
님과 같이 둥근달 … 146
목숨의 모래 마을 … 147
별이 잠든 사이 … 148
찬 비에 젖는 가락 … 149
찬 비에 떨어지는 잎새 … 150
입과 밥 … 151
퉁소소리 … 152
이슬 먹는 하얀새 … 154
사이 … 155
씨씨 … 156
앓는 집의 소리 … 157
뫼 위에 뜬 해 … 158
슳제의 몸 … 159
큰 물 … 160
많이 살라 한다 … 161

7. 나의 숨

빛자락 … 165
나의 숨 … 166
제 … 167
스스로 … 168
꽃 … 169
더하기 … 170
배 … 171
예 … 172
푸른 들 … 173
예쁜 집 … 174
앞뒤 … 175
하얀 빛 … 176
밤 그늘 … 177
추모사 … 178
흐름 … 179
흘러만 간다 … 180
하루가 열렸다 … 182
구름 위의 바위뫼 … 184
새날 … 186

8. 쁨과 픔

날과 씨의 너울 ⋯ 189
겨울나무 ⋯ 190
바람에 날린 잎새 ⋯ 191
겨울바람 ⋯ 192
시애틀로 가신 박암 선생님 ⋯ 184
제 ⋯ 197
쁨과 픔 ⋯ 198
깜박 깜빡 ⋯ 199
먹은 나이 ⋯ 200
어제서 온 먼날 ⋯ 201
누리 님 ⋯ 202
누나 ⋯ 203
꿈 ⋯ 204
이불바람 ⋯ 206
하루 ⋯ 206
겨울의 잔치 ⋯ 207
길배 ⋯ 208
최신형 배 ⋯ 209
해 ⋯ 210

1.
누나

누나
굽이구비
가람
바다의 소리
땅땅
푸른 바다
떠가는 배
온늘이여
때맞이
둥굴레
동아일보와 오늘
너그나
나
짚
사슴 발
사슴
매미 소리
푸른 나무길
이끼 낀 옛 나무

누나

누나를 지켜왔던 나!

나이들어
딴집으로 가실 때
누나는 가서 살란다 하시었고

누나의 살림살이
누구와 할까.

누나의 살림은
누구나 배워야지.

사람도 사랑도
살란다고 하였다.

사람아 사랑아
사랑아 사람아

굽이구비

뫼의 줄기에서 흘러내린
가람의 물줄기는 굽이쳐 어디로 가는가.

마을을 돌아 들녘을 지나
버린 쓰레기를 쓸어안고서

푸른 물이 때로는 흙물이 되어
굽이쳐 흘러간다.

물줄기는 들녘을 지나고
기슭을 돌아

빽빽하게 들어선 대나무 밭을 지난다.
둑이 무너지며 마을이 휩쓸리기도 한다.

물의 물음과 가람의 아픔은
흘러가는 물만이 안다.

푸른 물길은 바다로 이어진다.
흘러가는 물은 바다로 간다.

가람

가람은 들른다. 고을마다 마을마다
흐르는 가람은 바다로 간다.

어디를 들르는가. 어디로 가는가.
구름은 이땅의 가람을 살핀다.

비구름은 날씨를 앞세우고
이 땅을 새롭게 한다.

푸른 물이건 흐린 물이건
바다는 받는 바다이다.

바다는 늘 푸르다.
푸르고 푸른 바다이다.

알몸으로 들어가
고래와 벗이 되어

누구나 놀고 싶다.

바다의 소리

하늘이 내려앉아 바다를 펼친다.

물결을 지우며 물살이 흘러간다.

그 밑에서 살아가는 푸르른 뫼는
높고 낮은 그림을 그린다.

높은 뫼와 낮은 뫼가 드러나
들녘을 이룬다.
마을이 나타나고
가람도 흘러간다.

하나로 늘 있는 하늘과
오는 대로 받아주고
주는 대로 받아주는

바다의 이야기는 끝이 없다.

땅땅

터를 잡고 땅땅
마당이 땅땅

자리를 잡던 마을들이
맞이를 나온다.

집안의 마을길과 마을의 가람길이
서로 만나 바다로 간다.

푸른 바다

푸른 뫼의 바다는 어디인가.

물밑에서 맞이하는
바다 밑의 땅이 소리를 한다.

바다 물살 철썩이는 소리
구름이 받는다.

하늘이 울고 갈라지며 울리는 소리에
온 땅이 놀란다.

물결과 땅결이 구름결과 함께
바다에서 논다.

떠가는 배

떠가는 배는
받아주는 밭이 되고
놀고 있는 논이 되어

여럿 같이 함께하는
모두를 싣고

많해 소리는 바람 소리와 함께
해와 달을 맞이하며

땅땅거리고 떵떵거리는
오늘을 열어간다.

땅에서는 많해소리가
하늘을 울린다.

온늘이여

온 채로 늘 있는 오늘이여!

두 팔은 높이 들어 하늘을 열었고
두 발은 굳게 디뎌 이땅을 열었다.

두 쪽은 뫼가 되어 오늘을 열었다.

어제 많해!
이제 많해!

오늘 많해!
먼날 많해!

많해! 많해! 많해! 많해!

때맞이

앓음앓이와 웃음웃이의 사이에
서 있는 손님들이 줄줄이 앉았다.

다들 때를 기다린다.

때가 되었는지 줄지어 들어간다.

산 이들이 줄지어
맞이꾼 앞으로 걸어간다.

앓품앓이는 살림살이로 간다.

살림살이는
늘 그런 늙은이로 간다.

터땅에서는 아프다고 하는데
하늘에서는 기쁘다고 말한다.

아픈 일과 기쁜 일이
숨바꼭질을 한다.

둥굴레

둥굴레 꽃나무가 하얀 꽃을 피운다.
임금님 집의 가을맞이 길가에 피었다.

그 아래로 바퀴들이 굴러가고
길가에는 오가는 이들이 지나는데

흘러온 누리들의 나이가 많고 많아
몇 해인가 세기도 어렵다.

둘러선 뫼들과 흐르는 가람은
물살인지 햇살인지
나이를 묻는다.

임금님의 나이를 말하지만
누리의 나이와 겨레의 나이에는
꼽는 손이 모자란다.

가을맞이 문 아래로 오가는 걸음들은
발자국만 남긴다.

둥굴레는 땅에서
하늘 같은 나무숲을 올려다본다.

동아일보와 오늘

아침이 밝다.
동아일보가 오면
새날이 온다.

동아일보를 보면
한국이 열린다.

동아일보를 보면
세계가 보인다.

동아일보를 보면

자주가 꽃핀다.
자유가 꽃핀다.
자립이 꽃핀다.
자활이 꽃핀다.

동아일보를 보면
내가 서 있다.

동아일보를 보면
태극기가 펄럭인다.

동아일보를 보면
애국가가 들려온다.

동아일보를 보면
이땅의 함성이 들려온다.

동아일보를 보면
앞날이 보인다
누리가 보인다

너그나

그립다 그린다.
오너라 나간다.

그립다 그린다.
그때가 언제냐.

맺으랴 잊으랴.
낮이냐 밤이냐.
나날이 열린다.

말이며 글을 새긴다.

나

찾는다 풀어라.
뛸듯이 기쁘다.

짚

짚으로 이엉을 이어서

지붕을 올라가
비바람을 막고자

해와 달을 엮어서
지붕을 이고 산다.

사슴 발

벗을 만나
마을 길을 달렸다.
두 발이 하늘로 날았다.

고려대학교 호랑이를
허리띠로 두른 채
거침없이 달렸다.

사슴

사슴의 앞발은 먼날을 밟고
사슴의 뒷발은 어제를 딛고서
사슴의 머리는 오늘을 달린다.

매미 소리

나무야, 뫼를 둘렀구나.
구름이 너울을 펼치는구나.

휘어진 나무가지는
새를 부르는구나.

들려오는 매미 소리는
철철 흘러가는 철을 부르는구나.

날씨는 비를 뿌리며
우리를 맞이하네.

가자.
허리를 두른 길을 따라가자.

푸른 나무길

젊은 날의 옛터

젊은 날의 옛터에는
하늘과 이땅이

숲과 길을 만들어
발길들을 오가게 한다.

새 소리와 말 소리가
구름날을 연다.

이끼 낀 옛 나무

한 뿌리에 두 기둥이다.
자라서 솟은 줄기 하늘에 닿는다.

구름을 수풀하여 물살을 지운다.

한 뿌리는 갈래를 지어
숨결의 흐름을 멈추었다.

멈춘 흐름은 하늘로 솟아
나무가 되었다.

이끼 낀 나무는 구름 낀 나날을
숲으로 노래한다.

지나는 길손들은 이 땅을 밟고 간다.

2.
둥글게 살라

가신 님
소나무
가위
노을
가는 길
뿔
둥글게 살라
임금님의 뜨락
하늘하늘
가마
간월도의 님
간월도의 배
살랑살랑
사랑
진주성의 노래
더위
맴맴
밤바람
가람

가신 님

매미 소리 남기고 떠나가신 님이여.
여름은 숲을 안고 가을로 가는데

계시던 그 자리엔 옷자락만 남습니다.
매미 소리에 그 님의 소리가 들립니다.

아, 여름의 님이여. 가을의 님이여.

소나무

어제도 이제도 먼날도
굳게 서 있을 소나무

줄기차다.
푸르다.

나라도 바뀌고
이름도 바뀌고
길손도 바뀌었지만

엊이먼날을 두고
달라진 것 없는
나무, 소나무!

하늘을 덮었다.
구름을 펼쳤다.

소나무는 말한다.

보고 가시오.
쉬고 가시오.

가위

한가위의 가위는
보름달을 갈라 주는 가위

엿장수의 가위는
호박엿을 갈라 주는 가위

어머니의 가위는
새 옷을 만드는 가위

노을

새떼와 구름떼가
무리 지어 뒤섞이며
노을에서 춤을 춘다.

가는 길

갈대밭을 지나
소나무 아래로 간다.

뿔

뿌리 뿔뿔 나무 된다.
뿔뿔이 흩어져 숲이 된다.
큰 나무가 되고 나면
여름날이 찾아온다.

숲 사이로 매미소리
맴맴 울려 온다.

걷는 이의 발걸음은
더위를 잊는다.

머리마다 뿔을 숨기고
입술마다 웃음을 머금었다.

둥굴게 살라

풀밭에 둥굴레 꽃이 피었다.
큰 나무숲 둘레로 꽃이 피었다.

건너 쪽 나무마다
숲이 푸르다.

매미소리
여름을 노래하고
오가는 걸음들은
이야기에 바쁘다.

소나무 가지는
휘어지고
곁에선 나무들은
가지가 많다.

임금님의 뜨락

덥다. 짠다.
땀이 난다.

임금님이 내다본다.
옛날도 따라온다.

하늘하늘

풀잎이 바람을 만나
하늘거린다.

하늘을 보고
하늘거린다.

하늘하늘

하늘은 말한다.

나는 하나로 늘 있노라.
하나로 늘 있는 하늘이라.

하늘하늘

풀잎도 파랗고
하늘도 파랗다.

가마

길에는 멋이
입에는 맛이

간월도의 님

서쪽 바다 안개 속에
홀로 있는 간월도야.
봄 소식은 언제 오냐.
바다 소리 들려 온다.

오가는 배
님 실은 배
물 위에 떠간다.

간월도 섬 마을에
나만 홀로 남았다.

그립다.
보고 싶다.

손수건 한 닢
아! 가신님 못 잊어
손을 흔든다.

떠나는 뱃길에
님 모습만 아련하다.

간월도의 배

봄이 오면
간월도가 보인다.
꽃이 핀다.
구름이 흘러간다.

여름이 오면
간월도가 열린다.
맨 가슴이 열린다.
물살이 춤을 춘다.

가을이 오면
간월도가 바뀐다.
찰랑찰랑 춤춘다.
풀결이 달라진다.

겨울이 오면
간월도가 슬프다.
흐느끼며 운단다.
이땅을 잠재운다.

간월도는
달을 안고
긴 밤을 지새운다.

살랑살랑

은빛 물결
살랑 살랑

사랑

얼른얼른 길길 선길선길 길길
사랑아 살랑아

이고여차 웃고여차 이래저래 같이가냐.
이고가냐 웃고가냐 돌아들어 웃고가냐.

사이좋다 랑랑 놀고가자 랑랑
살랑살랑 랑랑
사랑사랑 랑랑

치마바지 자락자락 살랑살랑 젓고간다.
머리꼭꼭 먼눈쟁이 이래저래 얼럴디야

네냐내냐 얼럴디야
아!~ 네냐내냐 얼럴디야

살랑살랑 내 살랑아
살길살길 내 살길길

진주성의 노래

진주성아 오래거라.
삼만리가 춤을춘다.

남강물아 오래거라.
삼천리가 춤을춘다.

촉석루야 오래거라.
진주땅이 춤을춘다.

경절사야 오래거라.
천추만대 춤을춘다.

어넘이슶슬
어넘이슶슬

더위

더 위에는 더위가 없는데
다들 더위를 잊고자 더 위를 쳐다본다.

더위는 그들에게 말한다.
더 위를 바라보지 말라.

더위의 더 위에는
불타는 뙤약볕이 있을 뿐이다.

맴맴

하늘과 이땅이
바다에서 만나 오늘을 열고

맴맴맴맴 하고 들리는 소리가
더 위에는 없는 소리가

열리는 여름날의 매미 소리다.

밤바람

바람에 싸여서 오는 밤이 깊다.
부는 바람은 와서 우리를 둘러본다.

바람은 모두를 깊은 잠에 들게 한다.

밤잠은 바람잡이다.

밤잠에 키우는 바람은
부는 바람이 되어
날이 밝으면 웃게 한다.

새날의 잔치가
바람 같이 열린다.

아침이 바쁘다.
바쁜 밥이다.

밥 먹고 일 가자.
들녘이 펼쳐진다.

가람

있는 이둑과 없는 어둑의 사이에서
가람은 물이 되어 흘러간다.

가람이 바다로 가면
하늘과 터땅의 사이에서
물 그림이 그어져
반짝이는 물결을 지운다.

그 위에 뜬 배는
별을 바라보고 떠간다.

3.
옛길

팔
옛길
몰얼뫼
몰얼뫼 골물
나뭇잎
매암걸음
길
이슬
구름의 뜰
눈썹
소나무골
알 길 없어
구름 나그네
수레와 신발
마중 나온 나
푸른 날
소나무 숲
스스로 서다
세 골의 소나무

팔

파란 하늘
파란 바다
파란 이땅
파란 오늘

세스팔다스의 팔이 소리 한다.
파란 새날을 열고 파랗게 나오너라.

몬얼뫼

몬얼뫼의 멀머리가 섬섬이 되어
구름의 바다 위에서 많많은 섬들을 불러
바람 타고 떠서 간다.

몬얼뫼를 감도는 물은 푸르른 가람이 되어
많갈래의 가람들을 만나 바다로 간다.

하늘과 이땅은 바다에서
흘러온 물살을 자랑하며 철썩이며 논다.

바다는 하나여라.

옛길

구름이 바람에 실려 오듯
내가 길 따라 탐아에 실려 왔다.
굽이 도는 묏자락이 구름길에 같이 간다.

묻얼뫼 골물

회령산 골짜기에서
푸른 물이 흘러간다.
물가에 우거진 푸른 수풀 속에
추녀가 보인다.

가람을 지나는 골골물은
마을과 고을을 감아 돈다.

지나는 물굽이마다
마을과 고을을 펼친다.

바다로 가면 나라들이 다투어
물놀이를 한다.

나뭇잎

몯얼뫼를 지나는 바람
나뭇잎을 하늘거린다.

매암걸음

나무나무 한 그루 두 그루
걸음걸음 한 걸음 두 걸음

여름여름 한 여름 두 여름
매미소리 한 여름 한 여름

매암매암 나무나무
운다운다.
더운날씨 더위에는

없다없다 매암매암

길손걸음 매암매암
소리를 듣는다.

길

사람다리 자국자국
새다리 쪼작쪼작

길다리 굽이굽이
해다리 철철

이슬

고인 물은 바람을 타고

나무 잎새에 매달렸다가
눈을 마주치자 날아가 버린다.

따덩이를 물방울로 하여
거기에다 왔다가는 그림을 그린다.

물 그림도 살 그림도
일렁이는 바다의 그림도 그려 놓는다.

구름을 타고 오는 해와 달이
큰 눈을 깜빡거리며 물 그림을 거두어 간다.

바람과 이슬의 눈망울이 그림과 같다.

구름의 뜰

구름이 머무는 뜨락에
푸르른 잎새가
제 줄기를 안고 모여들었다.
나무가 되고 숲이 되어서.

배고프지 않느냐고 물었더니
구름을 먹고 산다더라.

바람은 새소리를 안고 울타리 가에서
다시 오겠다며 날아간다.

띄워 보낸 마음엔 눈물이 남는다.

눈썹

고운 눈썹으로 눈동자를 가렸구나.
본 듯 못 본 듯 예쁘기만 하구나.

해의 꽃잎으로 그림을 가렸구나.
타고난 빛살이라 고운 살결이라.

구름도 그 눈썹을 지우지 못하는구나.
고인 물살의 살결 위로 새 한 마리 날아간다.

소나무 골

옛 나라가 구름 안개를 타고 내렸을 때
자라던 나무
소나무들이 마을을 이루고 있었다.

그 옛날
하느님이 할아버지 할머니로 계셨을 때
푸른 소나무는
나무 나무 소나무로 서 있었고
그때 마을은
솔밭마을로 불렀더라.

오늘날 이 나라는
무궁화를 노래로
부르고 있더라!

아, 이 땅의 흐름이
춤을 추며 지나간다.

알 길 없어

님이 흔들려 섰더니
어느덧 너울거리더라.

다가갔더니
기울거리더라.

놀라서 도왔더니
흔들거리더라.

다가섰더니
쏟아지더라.

가까이 갔더니
내게 넘어지더라.

더 다가섰더니
님은 내게 엎어지더라.

더욱 놀라 안았더니

내가 님에게 쏟아지더라.

그 뒤로는
나자빠졌는지 빠졌는지
알 길이 없더라.

구름 나그네

가람이 흐르는 언덕에 그네를 매고
바람을 안고서 하늘거리면
구름도 물살도 나비가 된다.

그네를 타고서 나뭇가지 사이로
나이를 날린다.

수레와 신발

모들살이에는 돌대가 있다.
돌대는 줄과 길을 가졌다.

또 신발보다는 바퀴를 앞세운다.

발바닥은 건널목을 지켜야 하고
바퀴는 줄과 길을 따라야 한다.

길은 건너 쪽에서 오르내리고 있고
바퀴는 길과 줄을 따라 오간다.

새님과 계님이 집과 마을을 이루고 살아도
줄과 길은 길이길이 줄줄이 흘러만 간다.

큰 가람의 물길 속도 이와 같고

사람의 삶과 굴물풀불의 흐름도
길길로 줄줄로 길줄따라 내려간다.

마중 나온 나

해넘이 저쪽에다 나를 두고
나는 이쪽에서 태어나 삶을 누렸노라.

몇 살 몇 해를 지났는지
돌아보면 끝이 보이질 않는다.

긴 삶을 두고 끝없이 걸어갈까 보아

이미 서 있던 나는
너무 가지 말라고 손짓을 한다.

그 손짓에 나이를 꼽으니
걸어온 길이 보인다.

오래 살길 바라나 끝이 없는 길에

서 있던 나는 쉬었다 가라 한다.

푸른 날

푸른 뫼 골짜기에
소나무 숲은 웬일인가.

한가람 물줄기를
굽어보느라고 푸르렀던가.

하늘 구름 해달과 함께 바다로 가는데
소나무여, 그대가 할 말은 무엇인가.

푸른 날이어라.

소나무 숲

물어도 물어도
거듭거듭 또 물어도

다름없이 나는
푸른 소나무와 같습니다.

그렇게 말할 수 있는 이가 있느냐.

소나무와 같은 사람을 찾소만
그런 이들이 모이는
소나무 숲이 어디 가면 있소이까.

묻고묻고 또 물어도
거듭 푸르른 소나무들은

큰 가람 언덕에 모여

한가람의 푸른 물을
굽어 살피고 있습니다.

한가람과 소나무 숲이여.
그 아래로 걷는 발길들이여.

소나무 골과 큰 가람이
늘 푸르기만 바랄 뿐이라.

스스로 서다

겨레가 스스로 섰다.

아우네 장터에서
누나가 외쳤다.

외치다가 누나는
가셨지만

겨레는 일어섰다.

이 땅의 나라들과
다투어 섰다.

나라의 이름이

누나의 손에 들린
깃발만큼 펄럭인다.

그 이름 대한민국!

많해 많해 많해

겨레의 외치는 소리
따덩이를 휘감는다.

세 골의 소나무

거듭 거듭 거듭

나래를 펼치고 내려앉은 골골의 뫼야.
구름과 바람을 타고 서울의 나래가 되어

어느덧 앉아 있는 세 골 뫼야.

두 옆을 둘러 보고
앞과 뒤를 둘러보는 뫼야.

큰 가람의 푸른 물이 배어난 곳은 어디며
돌아가는 곳은 어디인가.

묻노라.
거듭거듭 묻노라.

푸른 소나무여.
큰 가람 물이여.

부디 오래거라.

4.
햇빛과 물

때곳나무
소나무 마을
숲에 누워서
나와 가람
햇볕과 빨래
햇빛과 물
그늘과 할 일
경희궁의 소나무
푸른 흐름
솔잎
뫼와 골
뫼 나무
숨겨진 뫼와 들
수레바퀴
떨어진 나뭇잎
임금님의 마음
물길따라
풀숲과 잎새
해넘이

때곳나무

나무야 나무야.
너는 왜 거기에 서 있느냐.
데때곳짬에 있어
나는 데를 넘겨다 주고
때와 곳을 부둥켜안고
이 자리에 섰노라.

데와 곳에 얽매이지 말거라.

데는 간 데도 없고
때는 온 데도 없니라.
숲은 말하노라.
데때곳짬을 갖추고 살기란
나무밖에 없니라.

나무에서 배우거라.

소나무 마을

소나무 높게 솟아
이웃을 하고 섰는데
한두 그루도 아닌
여러 그루가 사이좋게
마을을 만들었구나.

가지가지는
하늘에 뿌리를 두고
구름을 불러
푸른 숲을 이루고 있는데

가지를 날아다니는
새들의 소리가
낯설지 않구나.

바람이 흔들어 보고
날씨가 솔방울을 만들어
해와 달을 부르는구나.
지나는 길손의
나이가 안타깝구나.

숲에 누워서

나무의 뿌리 곁에 누워서
숲과 잎새가 그리는
하늘을 보아라.

가지와 잎새가 무어라고 말하는지
그 소리를 들어라.

나는 땅에 눕노라.

나와 가람

큰 물이 흐름이 되어
한가람을 이루는구나.

흐름은 흘리는 눈물이냐.
흔들리는 물살이냐.

흐름은 하늘을 입고
이 땅을 안고서 흘러만 가느냐.

한가람 가에서 무엇을 낚겠다고
대나무 꼬리를 던지느냐.

너를 두고 흘러가는 삶의 흐름은
한가람이 되어 흐르는구나.

물 따라 길 따라 굽이 돌아가는 흐름은
뫼와 물이 마르는 날까지라.

한살이에 나이가 있음이
안타까울 뿐이라.

햇볕과 빨래

가람가에서 물 빨래를 하여
햇빛에 널듯이

네 속도 씻어서 해 앞에 걸어 두라.
해는 네 낡은 것을 말려 줄 것이다.

네 속도 빨래를 하거라.

햇빛과 물

햇빛이 내려 쬐인다.
빛을 보는 데서만 그치지 말라.

햇빛이 내려 쬐일때는
그늘을 찾는 것만으로 그치지 말라.

그늘에서 빛을 갈라 나누어 주기도 하고
갈라먹기도 해야 하니라.

여름날의 햇빛은 나누어 먹고
갈라 먹어야 한다.

네 머리에 가르마를 타듯
이웃과 함께 갈라서 쏘이고
나누어서 쬐이어야 한다.

흐르는 가람이 말한다.
물도 나누어서 마시라고

햇빛은 흐르는 가람에서 반짝인단다.
갈라먹고 나누어 주라고 말이다.

그늘과 할 일

그늘은 말한다.
늘 그렇게 그렇다고 말한다.

그늘을 좋아한다.
그늘 아래 숨어서 나를 감추고

그늘에 쉬었다가
나를 드러낸다.

그늘은 늘 그렇게 하기를
바라지 않는다.

그야말로 네가 해야 할 일도
그렇게 하기를 바랄 뿐이다.

내가 무엇을 해야 할 것인가.

나는 무엇 때문에 있는가.

늘 그렇게 하기를
바랄 뿐이다.

경희궁의 소나무

뿌리가 깊습니다.
따덩이를 휘감았습니다.

기둥은 바로 섰다가 휘어졌습니다.
가지는 여러 갈래로 나누어졌습니다.

소나무의 잎새는 푸르릅니다.

임금님을 모신 여러 어른들의
날카로운 얼이 숲이 되었습니다.

가지마다 푸르른 솔잎이 되어
바람을 스치게 합니다.

곁에 둔 여러 나무들을
이웃으로 데리고 사십니다.

입은 옷은 거칩니다.

흐르는 때는
나날을 아낌없이 옷으로 입었습니다.

치솟은 가지는 하늘을 푸르게 합니다.
그 아래 길손이 열 손가락을 펼칩니다.

경희궁의 소나무 가지는
열 손이 되어 해를 맞이합니다.

뜨는 달을 그리며
두 팔을 펼칩니다.

소나무여
오래십시오.

푸른 흐름

푸르게 흘러가는 개울가에는
푸른 풀밭이 서 있다.

푸른 물 푸른 풀밭은
푸르름을 자랑한다.

길손의 발길도 푸르기만 하다.

늘어진 잎새와 흩어진 발길은
푸른 물과 같이한다.

솔잎

푸른 뫼 구름을 불러
잎을 짙게 한다.

소나무 숲 가지의
때 바늘은 하루를 가리킨다.

바람은 구름이 되어
숲으로 앉으니

숲을 지나는
나그네의 발길이 바쁘다.

덩그렁 때때
해와 달의 걸음은 어김이 없구나.

뫼와 골

높고 낮은 뫼야.

뿌리 깊은 나무로
푸르름을 자랑하느냐.

뫼가 땅에 솟았느냐.
땅이 뫼로 솟았느냐.

높고 낮은 뫼야.
골은 깊기만 하는구나.

나무가 뫼를 찾아갔느냐.
뫼가 나무를 불러왔느냐.

뫼의 줄기도 나무의 뿌리도
맡은 일이 있으리라.

뫼 나무

푸름에 그칠 것인가.
푸름에 머물 것인가.

뫼도 나무도
맡은 일이 크다.

때와 곳을 지키는
그 일이 아닌가.

숨겨진 뫼와 들

숲과 들이 뫼와 골에
숨겨져 있었다면

숨결은 구름과 바람이 되어
뫼와 골을 지키지 않는가.

나무들이 다투어 섰구나.
뫼골들이 구름과 같구나.

오가는 발길들이
나무 아래로 지나는구나.

수레바퀴

가을 잎이 떨어진다.
바퀴에 밟힐까봐
바람이 쓸어간다.

네 바퀴의 수레가 지나간다.

떨어진 나뭇잎

비바람이
나뭇잎을 떨어뜨렸다.

잎은 뿌리에 떨어졌다.

비를 덮고
뿌리 곁에 누웠다.

나도 비바람을 덮고 자다
이 땅을 깔고 누웠다.

흙에 묻혀
이땅을 베고 잔다.

이 몸은 썩어
따덩이로 바뀌리라.

그리하여 많많은 사람들을
밟고 가게 할 것이다.

짝을 지어 걷는 이들도
잎새의 소리를 듣게 될 것이다.

임금님의 마음

고인 물가에 실버들이 늘어졌다.
물 가운데 섬에는 소나무가 푸르다.

바람이 고인 물을 흔드니
물결이 빛을 뿌린다.

그 속에 하늘 그림자가
숲을 만든다 .

물가에 앉아보니
마음의 바다에도 물살이 밀려온다.

그 가운데 서 있는 임금님의 옛집은
해와 달을 띄우며 노신다.

물길따라

물살은 어디 두고
물결만 흐르는가.

흐르는 가람의 줄기는
어디에 두었는가.

바람은 물의 누리를 안고서
구름따라 가는구나.

사람의 사는 길도
물길따라 가는구나.

풀숲과 잎새

잎새여! 풀숲을 덮었구나.
그늘의 소리를 듣느냐.

잎새에도 철은 있단다.
구름과 하늘도 보고 싶단다.

풀숲은 잎새와 더불어
내님을 누이고 둘이서 산단다.

해넘이

겨울을 부르는 가을비가 내린다.
겨울은 누구에게나 힘겨운 겨울이다.

여름 가뭄을 이겨낸 가을은
비어 있기만 하다.

가을바람은 내 몸을 오싹하게 한다.
추위를 여미는 겨울은 울고만 싶다.

주렁주렁 열리던 여름을 보았던 이들은
춥고 배고픈 겨울을 맞이한다.

해넘이와 달돋이를
바라보고만 살았던

한 해가 넘어간다.

5.
그 이름

그 이름
내 나
두 귀 두 눈
손으로 만든 푸른 숲
다시 본 평창
낙동강과 한강의 편지
아침 안개
가을
구름 실은 바람
내 몸
가을 잎
바람새
가지 뻗은 소나무
햇녘에서 오는 가람
잡지 말라
실눈
물맛
아침 안개
잎새

그 이름

너도나도 부르는 그 이름은
불러야 하는 이름이라.

그로 말미암아
너와 나는 우리가 되고
무리와 누리가 되어

하늘을 우러러
이땅을 사는구나.

그 사이에 바다는 푸르고
물살은 철렁거리는구나.

목숨을 드높이 여겨
코를 앞세우고 사는구나.

내나살이 얼씨구
얼러리 얼럴

내나

없는 것이
고개를 넘어왔구나.

오고 보니
있게 되었구나.

있는 것이 살고 보니
스스로 사는 것 같구나.

사는 것은 타고 나고
스스로는 저 혼자가 아니라.

남과 나의 사이에는
님이 있어

눈 하나를 찍으면 님이요,
다리 하나를 찍으면 남이라.

님과 나의 사이에는 그가 있어

너도 아닌 남도 아닌
그가 님도 낳고 나도 낳았으니
너는 누구의 것이냐.

너그나의 사이에는
그가 우뚝 섰으니
그를 누구라 불러야 하나.

두 귀 두 눈

두 귀와 두 눈은
날씨를 살피고
이웃을 돌아보며
살아간다.

삶이란
저만 살자는 것이 아니라.

어넘이슢슬
어남이슢슬

그대의

한가운데 내나가 섰는구나.
내나살이 얼씨구

손으로 만든 푸른 숲

겨울인데도 뫼는 푸르구나.
좋은 자리에는 놀이터가 차지했구나.

하늘이 가꾼 수풀이 아닌데도
푸른 뫼가 높고 낮았구나.

님과 함께 사잇길을 걷고 싶어도
어디가 어덴지를 모르겠구나.

물 따라 골 따라 흘러간 길은
마을을 오가는구나.

하늘은 눈비만
뿌렸을 뿐이라.

다시 본 평창

이 누리의 서울은 평창이어라.
다섯 바다 큰 뭍에서 모였던 평창!

남녘과 북녘이 만나서
함께 했던 평창!

지구촌의 서울
평창!

이곳은 그날의 넋이 살아 있다면
오늘의 누리는 싸우지 않을 것을

평창을 돌아볼수록
서글프기만 하여라.

낙동강과 한강의 편지

1
낙동강아
태백산맥 뗏목타고 제주도로 떠서간다.
에- 헤야 배띄워라 태백산맥 춤을춘다.
태백산맥 동해바다 해가뜬다 해가뜬다.
높고낮은 태백산아 배저어라 배저어라.
제주도서 만나잔다 비바리가 기다린다.
섬머슴아 노래한다 제주도서 뛰고놀자.
한바다는 푸르르다 에해야 강물이로다.

2
한강물아
노령산맥 노를저어 다도해로 저어간다.
데- 헤야 노저어라 다도해가 넘실댄다.
다도해라 남해바다 달이뜬다 달이뜬다.
크고작은 다도해야 노저어라 노저어라.
탐라도서 만나잔다 새발이가 기다린다.
비바리가 춤을춘다 탐라도서 추고놀자.
태평양은 넘실된다 더허야 한바다로다.

아침 안개

이 땅에는 안개로 뒤덮였다.
뫼와 물은 보이지 않는다.

길과 들도 사라졌다.

그 속을 지나는 나그네는
더더욱 보이지 않는다.

하늘이 땅을 안았다.

해가 떴는데도 늦잠을 자나 보다.
아침 먹고 먼 길을 떠나야 하는데

감싸 도는 안개가 나를 사로잡는다.

가을

가을인데도 잎새가 푸르다.
바람이 불면 애써 나부끼다가 떨어지겠지.

쓸어가는 가을은 비어 있기만 하다.

곳집마다 거둠을 하여
채우기를 기다린다.

배부른 가을은 누구나 즐겁다.
겨울이 올수록 그렇다.

구름 실은 바람

해는 뒤에서 돋았는데
바람은 달뜨는 쪽으로 분다.

하늘이 땅으로 안개를 뒤덮어
얼굴을 가린다.

가려진 하늘에는 구름 안개의 너울이
바람 따라 펼쳐진다.

하얗고 파란 너울이
하늘을 뒤덮었다.

어느 솜씨가 하늘의 자락을
그림으로 펼칠 수 있을까.

바람은 해더러
높고 낮은 뫼에서 맞이를 한다.

사람들의 발길은 바쁘기만 하다.

바람이 분다.

내 몸

몸이 아프다.
사는 것이 어려운가 보다.
한 삶을 사는데 힘이 드나 보다.

해와 달은 날과 때는 몸을 맞이하는데
삶은 나더러 나이를 먹기가 힘든다고 한다.

나이테는 뿌리에서 돌고 도는데

하늘과 주고받는 말이
나이테는 돌고 있다 한다.

나이는 하늘에서 내리지만
그의 테는 발뿌리에서 돌고 있다 한다.

하늘과 땅 사이에서 걸으라 한다.

가을 잎

잎새가 움츠러들었다.
가을이 되자 다가오는 겨울이 추워서다.

해는 바로 뜨고 지는데
따덩이는 겨울을 타나 보다.

가을 잎새는 떨어질 나뭇잎이다.

그러나 잎은
별달따해의

따덩이로 간다.

바람새

나부끼는가.
흐느끼는가.

뉘우치는가.
잘못하는가.

사이에 있는 네 눈은
이래도 저래도
눈물을 글썽인다.

그 사이에 선 너그나

한가운데 선 나

바람이 스쳐간다.

가지 뻗은 소나무

때와 곳을 지키느라
뿌리 깊이 섰구나.

어디든지 짬을 내던 손길은
가지가 되었구나.

뻗은 가지 갓 가지로
숲이 되어 섰구나.

뜨고 지는 해달 따라
가느라고 굽었구나.

나무여, 소나무여.

사람에게 말하노라.
굽이져도 푸르거라.
굽어져도 푸르거라.

햇녘에서 오는 가람

햇녘마루 내리흐른다.
한밝뫼가 햇길 따라 뻗어 내린다.

섬섬섬을 데리고 나타난다.

아들 딸을 데리고 가는 것 같이
해를 따라간다.

달은 그림 같다.
별은 밤하늘에 빛난다.

아이들을 데리고 가는
어머니와 같다.
해는 아버지와 같았다.

잡지 말라

알품앓이를 안았구나.
알배가 불렀구나.

배부른 이 땅에는
날짐승 헬짐승 길짐승이 가득하구나.

하늘과 바다가 큰 입을 벌려
이 땅을 산 채로 삼켰구나.

먹이를 찾는 것들을
모두 잡아먹는구나.

아가씨와 아저씨는
차리고서 먹는구나.
볶아 먹고 삶아 먹고
구워 먹는구나.

새님과 계님들은
못 먹는 것이 없는구나.

하늘은 이 땅을 살리는데
땅에서는 서로 잡아 먹기에 바쁘구나.

잡히지 말라.

실눈

봄나들이는
보고 싶어서다.
꽃도 나비도
거니는 사슴도 보인다.

겨울 이불 속에서 나오는
아저씨와 아가씨의
봄나들이 걸음도 보인다.

뫼에서 새가 울고
땅에서는 꽃이 핀다.

보고 싶은 님의 얼굴
실눈으로 보고 싶다.

물맛

흐르는 한가람을 지나가며

얼음 한 조각을

입에 넣는다.

물맛이 좋다.

아침 안개

푸르른 날에
거듭거듭 푸르른 소나무 아래서

푸른 날을 기리며
새벽노들이 소나무 밭을 찾았다.

소나무 골에서는 오늘따라
노을이 자욱하다며
내려가라 한다.

같이 온 이들은
아침 노을이 보기 좋다며
놀다 가자 한다.

잎새

바람에 나부낀다.
여름에 열린 잎새
가을의 바람따라 떨어지려나.

여름의 열바람에 가려나.
가을의 갈바람에 가려나.

파란 잎새는 언제까지
줄기를 잡고 있으려나.

겨울이 되면 뿌리라도
살았어야 하는데
목숨이 안타깝구나.

6.
님과 같이 둥근달

화살나무
찾고 싶은 길
흔들리는 바람
님과 같이 둥근달
목숨의 모래 마을
별이 잠든 사이
찬 비에 젖는 가락
찬 비에 떨어지는 잎새
입과 발
퉁소소리
이슬 먹는 하얀새
사이
씨씨
앓는 집의 소리
뫼 위에 뜬 해
슲제의 몸
큰 물
많이 살라 한다

화살나무

화살나무 잎새는
가을을 만나면 붉어진다.
여름날의 푸르던 잎새는
빨갛게 물든다.

가을을 보내고
겨울을 맞이할 때
빨간 마음을 흔든다.

화살나무는
헛것을 치는데
화살로 쓰였나 보다.

무엇을 지키려 했던가.
화살나무는 지킬 나무이던가.

소나무들이 건너다보고 섰다.

찾고 싶은 길

솔잎 내음에다
다같이 즐겁자는

다즐님 내음을 뿌려
가을 내음에 내 마음을 걷어서
숨길로 보내 주는

거듭거듭 거듭
푸르른 소나무 골

언제 찾아도 푸른 물맛과 같다.

흔들리는 바람

바람에 휘날린다.
바람에 나부낀다.

바람에 흔들린다.
바람에 흐느낀다.

님과 같이 둥근달

보름달은 눈이 부시지 않는다.
해처럼 눈부시게 빛나지 않는다.

달 속의 토끼 나무 밤놀이하는
즐거움이 그 안에서 보인다.

마음도 둥그러라.
임과 같이 말이다.

가을밤 하늘의 둥근 날은
님과 함께 하는 달이라.

목숨의 모래 마을

목숨도 땅끝마을이 있다.
그 마을은
모래 언덕을 넘어야 있는 마을이다.

풀도 물도 없는
모래밭을 넘어야 있다.
거기가 목숨의 땅끝 줄기란다.

목숨의 언덕을 넘어야
살아날 수 있다.

나는 오늘 숨이 가빠서
목숨이 멎게 됨을 느꼈다.

그런데
세종 임금님의 글마루에서
해를 넘었다.

나는 오늘부터
다시 살련다.

별이 잠든 사이

달은 지고
해는 뜬다.

찬 비에 젖는 가락

겨울을 부르는
가을의 찬 비를 맞으며
흐르는 가락을 잡으러 간다.

찬 비는 흰 눈을 그리며 젖어 든다.

지나는 길손들은
비 가리개를 쓰고서
바쁜 걸음을 띄운다.

찬 비에 떨어지는 잎새

가을 잎새에
찬 비마저 내린다.

떨어진 잎새는
겨울을 넘어야 한다.

가엾다.
가엾다.

입과 밭

가을 거둠을 했다.
콩알과 콩씨를 거두었다.

씨와 알을 놓고
가을을 느꼈다.

씨는 밭으로 가는데
알은 입으로 들어 갔다.

씨와 알은 가는 곳이 달랐다.
밭과 입은 길이 다르다.

가을의 길은 달랐다.

가을은 철이 가져왔고
입은 사람이 가져왔다.

가을과 사람은 서로가 달랐다.

퉁소소리

이 땅에서 나무는 언제부터였던가.
푸르른 대나무는 언제부터였던가.

바람이 불어도
비바람이 불어도 눈서리가 내려도

하늘 맞이 바람 맞이로 흔들림 없이
소리를 울리는 대나무여.

대나무에서 울리는 퉁소소리는
가슴을 울렸구나.

세월을
퉁소소리로 안아 주었는가 하면

퉁소는 그의 소리로
많 사람을 저어 놓았다.

퉁소라 우는 소리

마음의 흐름이 되어
뫼와 하늘을 울렸다.

이슬 먹는 하얀새

나래가 길고 큰 하얀새가
바닷길 한 가운데 섬에 내린다.

바다는 목말라 물을 드린다.
하얀새는 마시질 않는다.
다시 날아간다.

다른 섬을 찾아간다.
그 섬에서 사람이 없는
이슬샘을 찾는다.

하얀새는 이슬을 마신다.
넉넉히 마신다.

이슬을 마신 하얀새는
바다 위를 나른다.

사이

사이에서 벌어지는 일이
오늘을 채운다.

씨씨

알씨 알씨
씨알 씨알

밭과 입은
서로 중얼거렸다.

참새들은 쫑알쫑알
새떼들은 씨알씨알

노래가 좋았다.

앓는 집의 소리

살려 주는 이의 하얀 옷은
눈에 부신다.

웃어른들의 옷은

더욱 돋보인다.
아름답다.

나를 지켜 주신
모두를 살려 주신

빛나는 옷이다.

그 님이 웃는다.
님들이 손뼉을 친다.

뫼 위에 뜬 해

뫼의 너울 위에
해가 떴다.

눈이 부신다.
낮을 밝힌다.
님이 보인다.

너그나도
햇빛 아래서 펼쳐진다.
우리들이 나타난다.

너그나가 하루를 연다.

슾제의 몸

슾제의 몸이 그립다.

앓품앓이에서 떠나
마음에서 떠나

스스로 살고 싶다.

어넘이슾슬
어넘이슾슬

큰 물

한가람 다리를 건너면서
큰 물 혼자서 다 마셨다.

많이 살라 한다

님의 소리 들려 온다.
내 목숨이 떠나는 날 들려주려던
그 소리가 들려 온다.

날 더러 살라 한다.
더 살라 한다.

"님의 숨결은 많이 남았습니다."
한다.

7.
나의 숨

빛자락
나의 숨
제
스스로
꽃
더하기
배
예
푸른 들
예쁜 집
앞뒤
하얀 빛
밤 그늘
추모사
흐름
흘러만 간다
하루가 열렸다
구름 위의 바위뫼
새날

빛자락

한낮 그림이 사라지면
저녁은 자락이 든다.

노을 속의 묏자락들은
그림으로 달라져
마음에 스며든다.

그 마음은
마을로 달라져
고을을 이루고

그 속에는
살아가는 내음과 소리가
가득해 있다.

산 것들은 그 속에서
살림살이를 한다.

그렇게 하고 산다.

나의 숨

구름 물 뫼 그리고 오늘은
나의 하루이다.

구름 물살 수풀 바람과 더불어

그 속에서 나는
숨을 쉬고 산다.

말 글 함 짓이
거기서 논다.

님의 노래도
거기에 있다.

제

나는 어디 있나.
내 안에 있다.

내 안에 있는 나는
아내이다.

아내는 안에 있는
내 아내이다.

나는 안에 있다.

스스로

나는 나하고 산다.
나 스스로를 좋아해라.

얼마나 즐거우냐.

꽃

이땅에 꽃이 가득 피었다.
누구의 꽃인가.

그 꽃은 네 꽃이다.
네 꽃은 곧 나다.

너와 나 하나이다.
둘의 사이에 피었다.

사이는
하나이다.

그 사이는
내 사이다.

꽃을 사랑하라.

더하기

큰 고을에 십자가
열 군데 밖에 없구나.

굶주린 이의 숫자가
열 군데 밖에 없나 보다.

참 불쌍하다.
외치는 이의
가난한 소리가 들리는구나.

배

내 탄 배는 내 배다.

예

날이 비움 할 때
밤 자락에 숨었던
뫼와 물이 드러난다.

하늘이 비움한 해가 보이고
바다가 비움한 물이 보이며
이땅이 비움한 땅이 보인다

날이 비움 하니
오늘이 밝아온다.

비우라. 그리하면,
한누리 한사리 한겨리가 밝아온다.

말말이 아니요 아니요 하던 것이

남의 말을 예예 하는
한예옴으로 달라질 것이라.
비로소 너의 오늘을 찾게 될 것이라.

만남은 비움 뒤로 하자.

푸른 들

나의 들이 푸르고
너의 들이 푸르면

푸른 들은 푸르게 된다.

푸른 들이 푸르르면
온 들녘이 푸르게 된다.

푸른 들을 가꾸거라.

아침에서 저녁에 이르기까지
살림살이가 푸르게 하거라.

즐거움이 온단다.
좋단다.

예쁜 집

뫼의 줄기가
하늘을 가로질렀다.

수풀이 우거졌고
그 자락은 구름 저쪽으로 흘러간다.

거기다 예쁜 집을 짓고
거기다 좋은 집을 짓고
나라의 즐거움을 빌고 싶다.

집안과 고을
나라와 누리를 살리고자

내 목숨을 다하여
불태워 올리고 싶다.

내 목숨을 불살라 올리고 싶다.

앞뒤

앞서 가는 사람과
뒷서 가는 사람은
언제나 다툰다.

먼저 가는 사람과
나중 가는 사람은
언제나 싸운다.

이런 일은 마을에서도
고을에서도 일어난다.

하얀 빛

하얀 빛이
하얀 꽃을 피운다.

하얀 꽃은
온갖 가지의 꽃을 피운다.
하얀 꽃 잎새마다
마을과 고을을 피운다.

하얀 꽃은
봄을 불러온다.
봄은 나들이를 하기에 좋다.

손잡고 가자.

밤 그늘

밤 그늘에
흐르는 소리가 부른다.
가람 물이 내려가는 소리다.

길 따라 수레바퀴도 돈다.
다리를 건너면서 줄지어 간다.

물이 흐르는 소리와
다리를 건너는 수레의 소리는
물소리로 들린다.

간밤에 집 나간 아이가
물가에 갔을까 보아
속이 탄다.

흐름과 물이 만나
가슴을 아프게 한다.

추모사

서산에 지는 해
한밤을 자고 나면

그 다음날
동녘에 해가 되어
다시 뜬다.

흐름

한가람의 버드나무
간밤에도 하늘과 빛을 같이했는데

날 새니 가람 물은 흐르고
버드나무는 푸르더라.

그 밑을 지나는 바퀴의 떼들은
줄지어 올라가고
가람물의 흐름은
내려가더라.

사람의 손으로 쌓아 올린
63켜켜의 높은 집은
한가람을 지키더라.

흘러만 간다

서울의 물줄기는
흘러간다.

63켜켜의 높은 집은
가람가에 우뚝 섰다.

가람물은 흘러간다.

가까이 가보면
키가 높은 버드나무 숲이지만
높은 데서 보고 멀리서 보면
풀나무에 지나지 않는다.

가람가의 수풀
여기에 뜻이 담겼다.

숲은 별의 이야기를 들려주고
해와 달의 오늘을 이야기해 준다.

건너 쪽의 숲들은 더욱 짙다.

그 두 쪽에 집도 많고
그 사이로
물길은 흘러만 간다.

하루가 열렸다

한겨울이다.
눈비가 날린다.
추위는 매섭다.
겨운살이가 외롭다.

텅 빈 겨울 논바닥엔
바람만 세차다.

가까이 가서 보았다.
그것이 아니었다.

베어 간 벼의 뿌리는 그대로 있었고
겨울 논의 논둑도 그대로였다.

눈발이 흩날린다.
눈발이 하얗게 덮인다.

찬 바람이 분다.
옷자락이 날린다.

밤이 가고 해가 뜬다.

배고픈 새떼들이 날아든다.
쪼아대고 지저귀기에 바빴다.

구름 위의 바위뫼

구름 위에서
바위뫼가 내려다본다.

그 아래 바다가
고인 물이 되어 담겨있다.

다섯 큰 물이 들어오고
여섯 큰 물이 떠서 온다.

지렛대를 손에 잡은
뱃사람이 들어온다.

그의 두 손에
해와 달이 잡혀있다.

별밭에서 배를 젓는 이가
나타나 하루를 맞이한다.

하루 세 때가

그의 손에 들렸다.

멀리서
어서오시라는 소리가 들려왔다.

새날

구름은 흘러가고
바람은 쉬었다 가는데
날은 밝아 오고
해는 뜨고 있더라.

꽃은 피고 있고
아이들은 놀다 간다 하더라.

8.
뽐과 픔

날과 씨의 너울
겨울나무
바람에 날린 잎새
겨울바람
시애틀로 가신 박암 선생님
제
뿜과 픔
깜박 깜빡
먹은 나이
어제서 온 먼날
누리 님
누나
꿈
이불바람
하루
겨울의 잔치
길배
최신형 배
해

날과 씨의 너울

아침이 밝았나 보다.

하루가 열렸다.
날이 밝았다.

날은 씨를 찾았다.
날과 씨의 너울에는
하루가 쌓였다.

하루 하루는 해와 달을 안고
아침 저녁도 없이 왔다 간다.

겨울나무

겨울나무에도
목숨의 줄기에는

잎새가 나부끼고 있다.
목숨은 줄기따라 살아있다.

겨울나무 아래로 거닌다.

바람에 날린 잎새

여름날의 푸른 잎새
가을이 되자

바람이 떨어뜨려
뿌리를 덮어준다.

바람은 잎새를
또 날려 보낸다.

바람이 잎새를 안고
구름 속으로 사라진다.

겨울바람

새벽바람에
나뭇잎 한 잎이 날려 왔다.
잎에는 이렇게 적혀 있었다.

봄살이의 잎새에는 봄 노래가 적혔고

봄이 되면 잎새는
봄바람을 날리고

여름이 되면 잎새는
여름 바람을 날리며

가을이 되면 잎새는
쓸고 가는 갈 바람을 날린다.

그러다 겨울이 되면
울먹이는 겨울바람을 휘날린다.

달이 뜨고 해가 지면

바람은 불어 잎새를 날린다.

지나가는 나그네의 입은 옷도
철 따라 바뀐다.

발길 들은 잎새를 밟으며
새 옷을 바란다.

새벽 바람은 새옷 바람이다.

하늘은 눈발이 날리고
땅에는 하얀 눈이 쌓였다.

한겨울의 길을 걷는다.

시애틀로 가신 박암 선생님

오래전 시애틀로 가신
박암 선생님

종로구 태을다방에서

당시 홍순봉 치안 국장님 앞에서
저 하정효를
충무 문화원장이라 소개하신

찻잔을 나누시던
옛 추억이 떠오릅니다.

그때의 태을다방은
오늘도 문을 열었지만

주인이나 손님들은
바뀌었습니다.

지날 때마다

옛날이 떠오릅니다.

박암 선생님
어디서 무엇을 하십니까.

오늘 이 하정효는 옛날을 떠올리며
선생님을 생각합니다.

당시 문화원 연합회의
신현학 국장님을 앞세우고

멀리 남망산 충무문화원을 예방하셨던
선생님의 옛날이 떠오릅니다.

오늘은 찾아뵈올 수가 없겠지만
계신다면 어디든 달려가고 싶습니다.

시애틀로 가신
박암 선생님을 그립니다.

남길 말씀은

충무 문화원 하정효 원장님은
한국의 역사에 큰 획을 그은 분입니다.
박암 선생님 말씀은 날이 갈수록 떠오릅니다.

제

이제와 먼제
이제서 떠나 먼제로 가는가.

어제가 언제이고 오늘이 언제이며
오는날이 언제인데

이제 여기에 왔느냐.

뺌과 픔

어제의 슬픔은
먼날의 기쁨으로 가야 하는데
슬픔과 기쁨은 어디서 뭘 하는가.

뺌과 픔은
서로의 사이가 멀기만 하구나.

깜박 깜빡

내 눈이 섭섭하여
눈썹이 썹썹
내 앞에 나타났다.

눈썹이 썹썹하여
깜빡이기만 한다.

깜빡이던 눈썹은
썹썹하기만 하여
보고만 있다.

섭과 썹은 놀라 하여
눈만 깜빡인다.

먹은 나이

새벽잠은 깨어서
어디로 가려느냐.

밤새껏 안고 잤던
앓픔앓이를
내려놓고져

아픈 이들이 모여드는
아픔의 집을 찾아가련다.

아픔은 어디서 왔는가.
먹은 나이가 많아서
배가 부어 그렇단다.

먹은 나이도 적어야 하지만
먹는 밥도 적어야 하니라.
내가 날 보고 하는 소리라.
새기거라.

어제서 온 먼날

쪽짝이 쪽짝
만났다 헤어졌다.

이제와 먼제는
언제 만날까.

어제서 온 이제의 오늘은
언제 먼날을 만날까.

아득할까.
까마득할까.

일어서서 맞이하자.
높이서서 반겨하자.

누리 님

하늘에서 아버지와
이땅에서 어머니와
해와달로 만나시어
아들딸을 낳으셨네.

어머니 어머니 우리 어머니
아버지 아버지 우리 아버지
이땅이 밝아왔네.

해와같이 밝아왔고
달님처럼 고우셨네.

누이님 누이님
누리님이 되소서.
나라벗이 되소서.
저의벗이 되소서.

누나

누나야

누이랑
고개를 넘자.

고개를 넘으면 마을이 있고
마을을 넘으면 고을이 있다.

누이야!

고을을 넘으면 옛날이 있고
옛날을 넘으면 새날이 있다.

누나야! 누이야!

누나랑 고개를!
누이랑 고개를!

누나랑 고개를
누리랑 고개를 넘자!

꿈

밤이 오면 잠으로 간다.

잠이 들면 꿈이 펼쳐진다.

꿈에는 별이 빛난다.

하늘과 땅이 바다를 연다.

해와 달이 배를 저으며
바다를 떠간다.
꿈은 빛나고
잠은 새날을 연다.

이불바람

잠바람 이불바람에
코 골고 잔다.

하루

때는 하루를 연다.

하루에는 세 끼가 지나간다.

끼니 때마다 때의 옷과 밥
그리고 집이 같이 나선다.

날은 씨줄과 날줄을 따라
배를 저으며 새벽으로 간다.

배는 하늘과 바다 및 터땅과 함께
오늘을 열어간다.

날은 씨를 뿌리며
하루를 들녘으로 펼친다.

집집마다 하루가 바쁘다.
들녘은 가득하다.

겨울의 잔치

지붕에 눈서리가 하얗다.
뫼에도 들에도 하얗다.

길배

길위에 배 떠나 간다
벗들을 가득 실은 배가 떠나 간다

배가 서자 벗이 또 탄다
다들 반가워 했다
반가운 박수 소리가 배 안에 가득했다

최신형 배

태평양을 가로지르는
유선형의 최신형 배가
내 앞에 나타났더라.

새로 제작된 배인데
물의 저항이 없이
바다를 가로지르는 선박이더라.

내 앞에 와 있더라.

파도와 바람 및 시간과 공간을
저항없이 가로지르는 쾌속선이더라.

내가 탈 배이더라.

기분이 새롭고 마음이 좋았다.

해

지는 해도 눈이 부신다.

하정효 시집
흐름과 바람을 실은 세스팔다스 하정효 계음의
누 나

2025년 6월 14일 초판 1쇄 발행

지은이 | 하정효
펴낸이 | 이세루
펴낸곳 | 도서출판 촛빛
출판신고 제300-1997-115호
주소 서울 종로구 자하문로 57-8

전화 02-735-2815
이메일 thes@korea.com

ⓒ 하정효 2025

ISBN 978-89-956812-2-0 03810

※ 이 책의 저작권은 세스팔다스 신전청에 있으며 출판권은 도서출판 촛빛에 있습니다.
※ 이 책의 전부 또는 일부를 이용하시려면 저작권자와 도서출판 촛빛의 동의를 받아야 합니다.
※ 책값은 뒤표지에 있습니다. 잘못된 책은 바꾸어 드립니다.